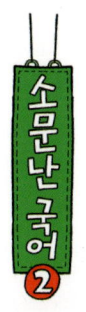

2024년 10월 20일 초판 3쇄 펴냄

지음 · 도기성
펴낸이 · 이성호　**펴낸곳** · (주)글송이
편집/디자인 · 이유미, 오영인, 임주용
마케팅 · 이성갑, 윤정명, 이현정, 문현곤, 이동준
경영지원 · 최진수, 이인석, 진승현

출판 등록 · 2012년 8월 8일 제 2012-000169호　**주소** · 서울시 서초구 능안말 1길 1(내곡동)
전화 · 578-1560~1　**팩스** · 578-1562　**이메일** · gsibook01@naver.com

ⓒ도기성, 2021

ISBN 979-11-7018-600-7 74080
　　　979-11-7018-595-6 (세트)

*잘못 만들어진 책은 바꾸어 드립니다.

머리말

속담을 사용하는 까닭은 무엇일까요?

속담은 예로부터 지금까지 사람들이 살아오면서 쌓아 온 삶의 깨달음과 지혜가 담긴 글이에요. 오랜 시간 조상들의 경험을 토대로 다듬어졌기 때문에 짧은 글로 이루어져 있고, 많은 사람이 공감할 수 있는 교훈이 담겨 있지요.
속담은 어떤 사실을 직접 말하지 않고 빗대어 말하거나 비꼬는 방법으로 하고자 하는 말을 전해요. 그리고 그 속에는 재치와 유머가 담겨 있지요. 그래서 대화를 할 때나 글을 쓸 때 속담을 사용하면 훨씬 쉽고 재미있게 자신의 의견을 전달할 수 있습니다.

초등학교 6학년 국어 교과서에 실린 속담을 저학년이 배워야 할까요?

초등 저학년 때는 경험에 기초한 사고를 할 수 있고, 다른 사람의 상황을 이해하는 등의 감정이 폭넓게 발달하는 시기예요. 이 시기에 우리 조상의 생활 속 지혜가 담긴 속담을 접한다면, 간접 체험을 통해 생각하는 힘과 표현하는 능력, 풍부한 어휘력을 기를 수 있습니다.
《웃다 보면 알게 되는 저학년 속담》에는 초등 저학년 눈높이에 맞춘 쉽고 재미있는 속담 100개가 실려 있어요. 속담이 지닌 뜻을 익히고, 다양한 상황에서 속담이 어떻게 쓰이는지 재미있는 만화로 구성되어 있지요.

속담을 이해하면 다양한 상식까지 얻을 수 있어요!

'개구리 올챙이 적 생각 못 한다', '수박 겉 핥기' 어려운 단어는 하나도 없는 속담인데, 막상 무슨 뜻인지 정확히 이해가 되지는 않아요. 이처럼 속담은 겉으로 드러나는 뜻보다 속에 숨어 있는 뜻을 제대로 이해해야 사용할 수 있어요.
또한 '아닌 밤중에 홍두깨', '짚신도 제짝이 있다'에 나오는 '홍두깨', '짚신'처럼 현재는 접하기 힘든 과거의 전통을 우리에게 전달해 주어 우리 조상의 생활 풍습을 생생하게 전해 줍니다.

그럼 지금 당장 《웃다 보면 알게 되는 저학년 속담》을 통해 표현력과 어휘력 그리고 생활의 지혜를 얻을 수 있는 속담을 익히러 함께 떠나 볼까요?

등장인물

뾰롱이

꾀 많은 예비 마법사.
아는 것도 많고
호기심도 많아서
늘 엉뚱한 사건을 벌이고
다니는, 마법 학교 최고의
장난꾸러기이다.

꼬양이

단순한 성격의 예비 마법사.
아는 게 많지 않아서 단짝 친구인
뾰롱이에게 늘 놀림을 당하지만, 뾰롱이의
잘난 척을 잠재울 한방을 가지고 있다.

몽글이

천진난만한 예비 마법사.
마법 학교 최연소 학생으로 뾰롱이와
꼬양이가 하는 건 무엇이든
따라 하고 보는 귀여운 성격이다.

망통 마법사

마법 학교의 마법 선생님.
제자들에게 멋있게 보이고 싶어 하지만,
어리바리한 성격 탓에
늘 제자들의 챙김을 받는
손이 많이 가는 선생님이다.

두목

망통 마법사의 어릴 적 친구.
세상에서 제일 강한 사람이
되고 싶어 하지만, 망통 마법사의
마법을 이길 수 없어서
때때로 심통을 부린다.

차례

ㄱ~ㄴ으로 시작하는 속담

1. 가는 말이 고와야 오는 말이 곱다-10
2. 가랑비에 옷 젖는 줄 모른다-12
3. 가재는 게 편-14
4. 가지 많은 나무에 바람 잘 날 없다-16
5. 간에 붙었다 쓸개에 붙었다 한다-18
6. 같은 값이면 다홍치마-20
7. 개구리 올챙이 적 생각 못 한다-22
8. 개똥도 약에 쓰려면 없다-24
9. 굼벵이도 구르는 재주가 있다-26
10. 공든 탑이 무너지랴-28
11. 금강산도 식후경-29
12. 고래 싸움에 새우 등 터진다-30
13. 구관이 명관이다-32
14. 꿩 먹고 알 먹기-34
15. 꿩 대신 닭-36
16. 남의 염병이 내 고뿔만 못하다-38
17. 낫 놓고 기역 자도 모른다-40
18. 낮말은 새가 듣고 밤말은 쥐가 듣는다-42
19. 남의 눈에 눈물 내면 제 눈에는 피눈물 난다-44
20. 내 코가 석 자-46

ㄷ~ㅁ으로 시작하는 속담

21. 똥이 무서워서 피하나 더러워서 피하지-50
22. 다 된 죽에 코 빠뜨린다-52
23. 달면 삼키고 쓰면 뱉는다-54
24. 똥 묻은 개가 겨 묻은 개 나무란다-56
25. 달도 차면 기운다-58
26. 닭 쫓던 개 지붕 쳐다보듯-60
27. 도둑이 제 발 저리다-62
28. 돌다리도 두들겨 보고 건너라-64
29. 되로 주고 말로 받는다-66
30. 뛰는 놈 위에 나는 놈 있다-68
31. 등잔 밑이 어둡다-69
32. 미운 아이 떡 하나 더 준다-70
33. 물은 건너 보아야 알고 사람은 지내보아야 안다-72
34. 마구 뚫은 창-74
35. 모르면 약이요 아는 게 병-76
36. 말 한마디에 천 냥 빚도 갚는다-78
37. 마른하늘에 날벼락-80
38. 말이 씨가 된다-82
39. 목마른 놈이 우물 판다-84
40. 못 먹는 감 찔러나 본다-86
41. 미꾸라지 한 마리가 온 웅덩이를 흐려 놓는다-88
42. 믿는 도끼에 발등 찍힌다-89

ㅂ~ㅅ으로 시작하는 속담

43. 비를 드니까 마당을 쓸라 한다-92
44. 벼룩의 간을 내먹는다-94
45. 벼룩도 낯짝이 있다-96
46. 병 주고 약 준다-98
47. 바늘 가는 데 실 간다-100
48. 방귀 자라 똥 된다-102
49. 배보다 배꼽이 더 크다-104
50. 바늘 도둑이 소도둑 된다-106
51. 발 없는 말이 천 리 간다-108
52. 백지장도 맞들면 낫다-110
53. 벼 이삭은 익을수록 고개를 숙인다-111
54. 서당 개 삼 년이면 풍월을 읊는다-112
55. 소 닭 보듯-114
56. 사공이 많으면 배가 산으로 간다-116
57. 세 살 버릇 여든까지 간다-118
58. 소 잃고 외양간 고친다-120
59. 쇠귀에 경 읽기-122
60. 쇠뿔도 단김에 빼라-124
61. 수박 겉 핥기-126
62. 숭어가 뛰니까 망둥이도 뛴다-128
63. 식은 죽도 불어 가며 먹어라-130
64. 신선놀음에 도낏자루 썩는 줄 모른다-131

ㅇ~ㅎ으로 시작하는 속담

65. 입에 쓴 약이 병에는 좋다-134
66. 윗물이 맑아야 아랫물이 맑다-136
67. 아니 땐 굴뚝에 연기 날까-138
68. 아닌 밤중에 홍두깨-140
69. 어물전 망신은 꼴뚜기가 시킨다-142
70. 언 발에 오줌 누기-144
71. 열 번 찍어 안 넘어가는 나무 없다-146
72. 오르지 못할 나무는 쳐다보지도 마라-148
73. 우물 안 개구리-150
74. 우물을 파도 한 우물을 파라-152
75. 원수는 외나무다리에서 만난다-153
76. 지렁이도 밟으면 꿈틀한다-154
77. 작은 고추가 더 맵다-156
78. 짚신도 제짝이 있다-158
79. 참새가 방앗간을 그저 지나랴-160
80. 천 리 길도 한 걸음부터-162
81. 콩 심은 데 콩 나고 팥 심은 데 팥 난다-164
82. 타고난 재주 사람마다 하나씩은 있다-166
83. 풀은 뿌리째 뽑아라-168
84. 하나만 알고 둘은 모른다-170

동물이 나오는 속담-172
주제별 찾아보기-175

ㄱ

가는 말이 고와야 오는 말이 곱다
가랑비에 옷 젖는 줄 모른다
가재는 게 편
가지 많은 나무에 바람 잘 날 없다
간에 붙었다 쓸개에 붙었다 한다
같은 값이면 다홍치마
개구리 올챙이 적 생각 못 한다
개똥도 약에 쓰려면 없다
굼벵이도 구르는 재주가 있다
공든 탑이 무너지랴
금강산도 식후경
고래 싸움에 새우 등 터진다
구관이 명관이다
꿩 먹고 알 먹기
꿩 대신 닭

ㄴ

남의 염병이 내 고뿔만 못하다
낫 놓고 기역 자도 모른다
낮말은 새가 듣고 밤말은 쥐가 듣는다
남의 눈에 눈물 내면 제 눈에는 피눈물 난다
내 코가 석 자

1 가는 말이 고와야 오는 말이 곱다

 내가 다른 사람에게 말이나 행동을 바르게 해야 다른 사람도 내게 바르게 한다는 뜻이에요.

2 *가랑비에 옷 젖는 줄 모른다

가랑비에 조금씩 젖는다고 *방심하면 어느새 흠뻑 젖는 것처럼, 사소한 일이라도 거듭되면 나중에 큰 어려움이 된다는 뜻이에요.

*가랑비: 보통 비보다 가늘게 내리는 비. *방심: 모든 걱정을 떨쳐 버리고 마음을 편히 가짐.

| 비슷한 속담 | 곶감 꼬치에서 곶감 빼 먹듯 |

3 가재는 게 편

비슷하게 생긴 가재와 게가 잘 어울리듯이, 모양이나 *형편이 비슷하고 인연이 있는 것끼리 서로 잘 어울리고 감싸 주기 쉽다는 뜻이에요.

*형편: 일이 되어 가는 상태나 결과.

검둥개는 돼지 편

4 가지 많은 나무에 바람 잘 날 없다

가지가 많으면 바람에 잘 흔들리듯, 자식을 많이 둔 부모는 자식에 대한 *걱정이 끝이 없다는 의미로 사용해요.

*걱정: 마음이 불편하고 속을 태움.

자식 둔 부모 근심 놓을 날 없다

5 간에 붙었다 쓸개에 붙었다 한다

어느 한쪽을 선택하지 않고, 그때그때 자기에게 이로운 쪽으로 옮겨 다니는 사람을 비꼬아서 하는 말이에요.

6 같은 값이면 다홍치마

같은 값이라면, 보기에도 예쁜 치마가 더 좋다는 뜻이에요.
이왕이면 자기에게 *이익이 많은 것을 고른다는 말이지요.

*이익: 보탬이 되는 것.

같은 값이면 껌정소 잡아먹는다

개구리 올챙이 적 생각 못 한다

형편이나 상황이 조금 나아졌다고 해서 지난 일은 생각하지 않고 처음부터 그랬던 것처럼 잘난 체한다는 뜻이에요.

8. 개똥도 약에 쓰려면 없다

아무리 보잘것없고 흔한 것이라도 정작 필요할 때가 되어 찾으면 구하기 어렵다는 말이에요.

까마귀 똥도 약에 쓰려면 오백 냥이라

9 *굼벵이도 구르는 재주가 있다

짧고 뚱뚱한 굼벵이라도 구르는 재주가 있듯이, 아무리 하찮아 보이는 사람이라도 뛰어난 재주 하나쯤은 갖고 있다는 뜻이에요.

*굼벵이: 매미의 애벌레.

10. 공든 탑이 무너지랴

온 *정성을 다하여 한 일은 그 결과가 헛되지 않고 반드시 좋은 결과를 얻을 수 있다는 뜻이에요.

*정성: 온갖 힘을 다하려는 참되고 성실한 마음.

비슷한 속담: 정성이 지극하면 돌 위에 풀이 난다

*금강산도 *식후*경

아무리 재미있는 일이라도 배가 불러야 흥이 나지, 배가 고픈 상태로는 아무 일도 할 수 없다는 뜻이에요.

*금강산: 강원도 북쪽(북한)에 있는 산. *식후: 밥을 먹은 뒤. *경: 자연이나 지역의 모습. 경치.

꽃구경도 식후사

고래 싸움에 새우 등 터진다

힘센 사람끼리 싸울 때 아무 상관없는 약한 사람이 *피해를 입게 되는 경우에 사용해요.

*피해: 생명이나 몸, 재산 등에 입은 손해.

애꿎은 두꺼비 돌에 맞다

*구관이 *명관이다

나중에 온 사람을 겪어 보면서 먼저 있던 사람이 좋았다는 것을 깨닫게 된다는 말로 사용해요.

*구관: 먼저 일하던 관리. *명관: 현명한 관리.

나간 머슴이 일은 잘했다

14 *꿩 먹고 알 먹기

꿩을 잡아서 먹으려고 보니 배 속에 알이 있다는 뜻으로,
한 가지 일을 하여 두 가지 이상의 이득을 본다는 말이에요.

*꿩: 닭과 비슷한 크기의 새. 수컷은 장끼, 암컷은 까투리라고 한다.

15 꿩 대신 닭

귀한 꿩고기 대신 닭고기를 사용하듯, 적당한 물건이 없을 때 그보다는 못하지만 그와 비슷한 것으로 대신한다는 뜻이에요.

남의 *염병이 내 *고뿔만 못하다

다른 사람이 당하는 고통이 아무리 크더라도, 자신이 당하는 작은 고통보다 마음이 쓰이지 않는다는 뜻이에요.

*염병: 전염성을 가진 병. *고뿔: 감기.

17. *낫 놓고 기역 자도 모른다

낫은 'ㄱ' 자와 똑같이 생겼어요. 그래서 낫을 들고도 기역 자를 알지 못할 만큼 무식하다는 뜻으로 사용해요.

*낫: 벼나 풀을 벨 때 사용하는 농기구.

흰 것은 종이요 검은 것은 글씨라

18 낮말은 새가 듣고 밤말은 쥐가 듣는다

아무리 *비밀스럽게 한 말이라도 남의 귀에 들어갈 수 있으니, 말을 할 때는 늘 조심해야 한다는 뜻이에요.

*비밀: 숨기어 남에게 드러내거나 알리지 말아야 할 일.

19 남의 눈에 눈물 내면 제 눈에는 피눈물 난다

다른 사람에게 *고통을 주면 자신은 그보다 더 큰 고통을 받게 된다는 것을 비유적으로 이르는 말이에요.

*고통: 몸이나 마음의 괴로움과 아픔.

내 코가 석 *자

코가 90cm 정도로 커질 만큼 급하고 어려운 사정이 생겨서 남을 돌볼 여유가 없을 때 사용해요.

*자: 옛날에 길이를 나타낼 때 쓰던 단위. '한 자'는 약 30cm.

ㄷ

똥이 무서워서 피하나 더러워서 피하지
다 된 죽에 코 빠뜨린다
달면 삼키고 쓰면 뱉는다
똥 묻은 개가 겨 묻은 개 나무란다
달도 차면 기운다
닭 쫓던 개 지붕 쳐다보듯
도둑이 제 발 저리다
돌다리도 두들겨 보고 건너라
되로 주고 말로 받는다
뛰는 놈 위에 나는 놈 있다
등잔 밑이 어둡다

ㅁ

미운 아이 떡 하나 더 준다
물은 건너 보아야 알고 사람은 지내보아야 안다
마구 뚫은 창
모르면 약이요 아는 게 병
말 한마디에 천 냥 빚도 갚는다
마른하늘에 날벼락
말이 씨가 된다
목마른 놈이 우물 판다
못 먹는 감 찔러나 본다
미꾸라지 한 마리가 온 웅덩이를 흐려 놓는다
믿는 도끼에 발등 찍힌다

똥이 무서워서 피하나 더러워서 피하지

더럽고 냄새나는 똥을 피하는 것처럼 못된 사람을 피하는 것은 무서워서가 아니라 상대할 *가치가 없어서라는 뜻이에요.

*가치: 사물이 지니고 있는 쓸모.

개똥이 무서워 피하나 더러워 피하지

다 된 죽에 코 빠뜨린다

오랫동안 저어가며 끓이던 죽에 콧물을 빠뜨리면 먹을 수 없듯이, 잘 되어 가던 일이 *예상하지 못한 일로 틀어졌을 때 사용해요.

*예상하다: 어떤 일이 생기기 전에 미리 생각하여 둠.

다 된 밥에 재 뿌리기

달면 삼키고 쓰면 뱉는다

자기에게 이익이 될 때에는 친구처럼 굴다가,
필요 없을 때에는 모른 척 등을 돌리는 사람에게 사용해요.

똥 묻은 개가 *겨 묻은 개 나무란다

더러운 똥보다 벼 껍질 묻은 걸 *지적하듯, 자기 잘못은 생각하지 않고 남의 조그마한 잘못을 지적하는 사람에게 사용해요.

*겨: 벼, 보리 등의 곡식을 찧어 벗겨 낸 껍질. *지적: 잘못이나 실수를 알리는 일.

겨울바람이 봄바람보고 춥다 한다

달도 차면 기운다

가느다란 *초승달에서 둥근 *보름달로, 다시 작은 *그믐달로 변하는 달처럼 모든 일이 잘될 때가 있으면 안될 때가 있다는 뜻이에요.

*초승달: 음력 3일 경에 뜨는 오른쪽이 둥근 눈썹 모양의 작은 달. *보름달: 음력 15일 밤에 뜨는 둥근 달.
*그믐달: 음력 27일 경에 뜨는 왼쪽이 둥근 눈썹 모양의 작은 달.

26 닭 쫓던 개 지붕 쳐다보듯

 애써서 하던 일이 실패로 돌아가거나 남보다 뒤떨어져 어찌할 방법이 없는 상황에서 사용해요.

닭 쫓던 개 울타리 넘겨다보듯

27 도둑이 제 발 저리다

잘못을 저지른 사람은 자기 잘못이 *들통날까 봐 긴장해요. 그래서 안절부절못하다 자기도 모르게 *불안을 드러낸다는 뜻이에요.

*들통나다: 비밀이나 잘못된 일 따위가 드러나다. *불안: 마음이 편하지 아니하고 조마조마함.

돌다리도 두들겨 보고 건너라

튼튼한 돌다리도 안전한지 확인해 보듯이 잘 아는 일이라도 방심하지 말고, 꼼꼼하게 확인하고 조심하라는 뜻으로 사용해요.

아는 길도 물어 가랬다

*되로 주고 말로 받는다

빌려준 것 이상의 것을 돌려받으려 하거나,
남을 속여 *이득을 얻으려다가 도리어 더 큰 손해를 볼 때 사용해요.

*되: 옛날에 양을 잴 때 사용했던 단위. '한 되'는 1.8리터, '한 말'은 한 되의 열 배이다.   *이득: 이익을 얻음.

30 뛰는 놈 위에 나는 놈 있다

아무리 재주가 뛰어나다 하더라도 그보다 더 뛰어난 사람이 있으니, 잘난 척하지 말고 열심히 노력해서 실력을 키우라는 말이에요.

비슷한 속담: 기는 놈 위에 나는 놈 있다

*등잔 밑이 어둡다

등잔불을 밝히면 등잔 받침의 그림자 때문에 바로 밑이 더 어둡듯이, 가까이 있는 것이 더 알기 어렵다는 뜻으로 사용해요.

*등잔: 기름을 담아 불을 켜는 데에 쓰는 그릇.

업은 아이 삼 년 찾는다

미운 아이 떡 하나 더 준다

미워하는 사람일수록 *평소에 잘 대해 주려 노력하면서 점차 나쁜 마음을 버려야 한다는 뜻이에요.

*평소: 특별한 일이 없는 보통 때.

33 물은 건너 보아야 알고 사람은 지내보아야 안다

물에 들어가기 전까지는 그 *깊이를 알 수 없듯이 사람도 서로 오래 겪어 보아야 그 사람에 대해 알 수 있다는 뜻이에요.

*깊이: 위에서 밑바닥까지, 또는 겉에서 속까지의 거리.

수박은 속을 봐야 알고 사람은 지내봐야 안다

마구 뚫은 창

생각 없이 아무렇게나 벽을 뚫고 창을 만들어 놓는 것처럼, 질서나 순서 없이 되는대로 함부로 행동한다는 뜻이에요.

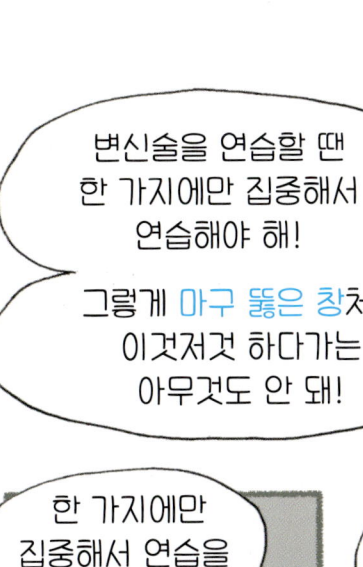

비슷한 속담 우물에 가 숭늉 찾는다

35 모르면 약이요 아는 게 병

아무것도 모르면 차라리 마음이 편한데, 무엇인가 조금 알고 있으면 걱정거리가 생겨 오히려 해롭다는 뜻이에요.

모르는 것이 부처

36 말 한마디에 천 *냥 빚도 갚는다

어마어마하게 큰 액수의 돈도 말 한마디로 갚을 수 있을 만큼, 말 한마디가 중요하다는 것을 깨닫게 해 주는 속담이에요.

*냥: 옛날에 쓰던 화폐 단위. '한 돈'은 엽전 열 푼, '한 냥'은 열 돈.

37 마른하늘에 *날벼락

구름 한 점 없는 맑은 하늘에서 느닷없이 *벼락이 친다는 말로, 뜻하지 않은 상황에서 뜻밖에 당하는 불행한 일이라는 뜻이에요.

*날벼락: 느닷없이 치는 벼락. *벼락: 비 오는 날 요란한 소리를 내며 땅 위 물체에 전기가 내리꽂히는 현상.

 아닌 밤중에 남의 칼을 맞다

말이 씨가 된다

*무심코 한 말이 실제로 이루어질 수도 있으니 부정적인 말을 하기 전에는 반드시 한 번 더 생각하고 말해야 한다는 뜻이에요.

*무심코: 아무런 뜻이나 생각이 없이.

목마른 놈이 *우물 판다

목마른 사람이 마실 물을 찾아 땅을 파듯이, 어떤 일이든 제일 급하고 필요한 사람이 그 일을 서둘러 하게 된다는 뜻이에요.

*우물: 물을 얻기 위해 땅을 파서 물을 모이게 한 시설.

갑갑한 놈이 우물 판다

못 먹는 감 찔러나 본다

자기 것으로 만들지 못할 바에는 남도 갖지 못하게 *심술을 부려 못쓰게 만들어 버리겠다는 못된 마음을 이르는 말이에요.

*심술: 올바르지 않게 고집을 부리는 마음.

애들은 과자가 땅에 떨어지면 꼭 그걸 발로 밟더라. 왜 그러는 거지?

못 먹는 감 찔러나 보는 거지, 뭐.

41 미꾸라지 한 마리가 온 웅덩이를 흐려 놓는다

미꾸라지가 흙탕물을 일으켜 웅덩이를 흐리게 하듯이, 한 사람의 좋지 않은 행동이 그 무리 전체에 *악영향을 미친다는 뜻이에요.

*악영향: 나쁜 영향.

지구를 들어 올리는 마법이다, 으하핫!

미꾸라지 한 마리가 온 웅덩이를 흐려 놓는다더니….

영차!

마법 학교 망신 다 시키네!

미꾸라지 한 마리가 한강 물을 다 흐리게 한다

믿는 도끼에 발등 찍힌다

잘될 것이라고 믿었던 일이 실패하거나 믿었던 사람이 *배신하여 오히려 해를 입었을 때 사용하는 말이에요.

*배신: 믿음을 잊거나 어김.

*싱크홀이야!

땅이 무너졌다!

믿는 도끼에 발등 찍힌다더니…. 땅이 무너질 줄이야.

끄응!

*싱크홀: 땅의 지반이 내려앉아 지면에 커다란 웅덩이나 구멍이 생기는 현상.

믿었던 돌에 발부리 채었다

ㅂ

비를 드니까 마당을 쓸라 한다
벼룩의 간을 내먹는다
벼룩도 낯짝이 있다
병 주고 약 준다
바늘 가는 데 실 간다
방귀 자라 똥 된다
배보다 배꼽이 더 크다
바늘 도둑이 소도둑 된다
발 없는 말이 천 리 간다
백지장도 맞들면 낫다
벼 이삭은 익을수록 고개를 숙인다

ㅅ

서당 개 삼 년이면 풍월을 읊는다
소 닭 보듯
사공이 많으면 배가 산으로 간다
세 살 버릇 여든까지 간다
소 잃고 외양간 고친다
쇠귀에 경 읽기
쇠뿔도 단김에 빼라
수박 겉 핥기
숭어가 뛰니까 망둥이도 뛴다
식은 죽도 불어 가며 먹어라
신선놀음에 도낏자루 썩는 줄 모른다

43. 비를 드니까 마당을 쓸라 한다

 스스로 일을 하려고 하는 사람에게 쓸데없는 *간섭을 해서 기분을 망쳐 놓는 경우를 이르는 말이에요.

*간섭: 직접 관계가 없는 남의 일에 끼어들어 쓸데없이 아는 체하거나 이래라저래라 함.

어, 지붕이 부서졌네?

마법 학교

당장 지붕 수리를 해야겠군.

 **남의 잔치에 감 놓아라 배 놓아라 한다**

벼룩의 간을 내먹는다

어려운 처지에 있는 사람의 작은 이익까지도 차지하기 위해 온갖 치사한 방법을 사용해 빼앗는 *인색함을 이르는 말이에요.

*인색: 재물을 아끼는 태도가 몹시 지나침.

벼룩도 *낯짝이 있다

작은 벼룩조차도 얼굴이 있는데, 사람이라면 *체면을 생각해 얼굴 들고 다니지 못할 뻔뻔한 행동은 하지 말라는 뜻이에요.

*낯(낯짝): 얼굴 혹은 체면.   *체면: 남을 대하기에 떳떳한 행동이나 얼굴.

병 주고 약 준다

자기가 해를 입혀 놓고 아프지 말라고 약을 주며 도와주는 척한다는 뜻이에요. *교활하고 *음흉한 사람의 행동을 이를 때 쓰지요.

*교활: 마음이 바르지 않고, 나쁜 꾀가 많음.　　*음흉: 겉으로는 부드러워 보이나 속으로는 성질이 나쁨.

구름 타기 연습이다!

으아아~!

휙

휘릭

서… 선생님, 그만해요! 무섭단 말이에요!

47 바늘 가는 데 실 간다

바늘과 실이 모두 있어야 옷을 꿰맬 수 있는 것처럼 서로 떨어질 수 없는 아주 가까운 사이를 가리키는 말이에요.

비슷한 속담 구름 갈 제 비가 간다

방귀 자라 똥 된다

대단하지 않게 시작하였던 것도 점차 그 정도가 심해지면 처리할 수 없을 만큼 큰 말썽거리가 될 수 있다는 말이에요.

배보다 배꼽이 더 크다

기본이 되어야 할 것보다 덧붙이는 것이 더 큰 경우를 *비유적으로 이르는 말이에요.

*비유: 직접 설명하지 않고 다른 비슷한 현상이나 사물을 예를 들며 빙 둘러서 설명하는 일.

발보다 발가락이 더 크다

50 바늘 도둑이 소도둑 된다

작은 나쁜 짓도 자꾸 하면 *버릇이 되어 더 큰 죄를 저지르게 된다는 뜻이에요. 그래서 나쁜 버릇은 빨리 바로잡아야 해요.

*버릇: 오랫동안 자꾸 반복하여 몸에 익어 버린 행동.

"판사님, 유죄 판결 좀 내려 주세요!"

"얘가 내 치킨 훔쳐 먹었거든요?"

"난 무죄라니까!"

"?"

"이럴 때는…."

"음, 유죄인지 무죄인지 잘 모르겠군."

유죄 / 슥슥

무죄 / 슥슥

툇!

스윽

"무죄다!"

"지금 뭐 하는 거야?"

"사실은 훔쳐 먹었는데… 히히!"

탁!

무죄 / 유죄

비슷한 속담

바늘 상자에서 도둑이 난다

51. 발 없는 말이 천 *리 간다

한 번 내뱉은 말은 달리는 말보다 빨라서 아주 멀리까지 순식간에 퍼져요. 그러니 말을 할 때는 항상 조심히 하라는 뜻이에요.

*리: 거리의 단위. 1리는 약 0.393km, 천 리는 약 393km.

말이 말을 물다

*백지장도 맞들면 낫다

아무리 쉬운 일이라도 여럿이 힘을 합치면 혼자 하는 것보다 훨씬 쉽게 할 수 있다는 뜻이에요.

*백지장: 하얀 종이의 낱장.

백지장

잘 들어!

백지장도 맞들면 낫다잖아!

이걸 왜 들어요?

아니, 그러니까 백지장을 왜 드냐고요~.

종이도 네 귀를 들어야 바르다

53. 벼 이삭은 익을수록 고개를 숙인다

알맹이가 꽉 찰수록 고개를 숙이는 벼 이삭처럼, 지식이 뛰어나고 훌륭한 사람일수록 *겸손하게 행동한다는 말이에요.

*겸손: 남을 존중하고 자기를 내세우지 않는 태도가 있음.

물이 깊을수록 소리가 없다

서당 개 삼 년이면 *풍월을 *읊는다

아는 것이 아무것도 없는 사람이라도 오랫동안 반복하여 보고 들으면 어느 정도 지식과 경험을 쌓을 수 있다는 뜻이에요.

*풍월: 맑은 바람과 밝은 달. *읊다: 소리를 내어 시를 읽거나 외다.

오랜만에 야외로 소풍을 가 볼까?

야호!

신난다!

이쯤에서 자리를 펴고 놀자!

배고픈데 도시락부터 먹죠?

마법도 할 줄 모르는 게 먹는 건 엄청 밝혀요!

뭐?

ㅋㅋ!

나도 할 줄 아는 마법 있어!

이거 왜 이래?

소 닭 보듯

 서로 아무 *관심 없이 무덤덤하게 바라보는 상황을 가리켜요.
보통 본체만체한다는 뜻으로 사용해요.

*관심: 어떤 것에 마음이 끌려 주의를 기울임.

개 닭 보듯 / 개똥 보듯

사공이 많으면 배가 산으로 간다

여러 사람이 제각기 배를 몰면 배가 엉뚱한 곳으로 가듯이, 사람들이 자기 *의견만 내세우면 일이 제대로 되기 어렵다는 뜻이에요.

*사공: 배를 운전하는 사람. *의견: 어떤 것에 대하여 가지는 생각.

목수가 많으면 집을 무너뜨린다

세 살 버릇 여든까지 간다

어릴 때 몸에 밴 버릇이 나이 들어서까지 바뀌지 않는 것처럼, 사람의 성격이나 습관은 웬만해선 좀처럼 바뀌지 않는다는 뜻이에요.

제 버릇 개 줄까

58 소 잃고 *외양간 고친다

소를 잃은 뒤, 소가 도망칠 정도로 허술했던 외양간을 고친다는 말로, 이미 일이 잘못된 뒤에는 뉘우쳐도 소용없다는 뜻이에요.

*외양간: 말이나 소를 기르는 곳.

59. *쇠귀에 *경 읽기

소에게 좋은 책을 읽어 줘 봤자 알아듣지 못하는 것처럼, 아무리 좋은 것을 가르치고 일러 주어도 알아듣지 못하거나 효과가 없는 경우에 사용해요.

*쇠귀: 소의 귀. *경: 부처의 가르침을 정리해 놓은 책.

담벼락하고 말하는 셈이다

쇠뿔도 *단김에 빼라

단단히 박힌 소의 뿔을 뽑으려면 불로 달구어 놓았을 때 하라는 뜻이에요. 무슨 일이든 마음먹었을 때 망설이지 말고 해치우라는 의미지요.

*단김: 달아올라 뜨거운 김.

수박 겉 핥기

맛있는 수박을 먹겠다고 하면서 껍질만 핥고 있다는 말로, 사물의 내용도 제대로 모르면서 겉만 슬쩍 보고 넘긴다는 뜻이에요.

숭어가 뛰니까 망둥이도 뛴다

남이 하니까 덩달아 나서거나, 자기 분수를 모르고
잘난 사람을 덮어놓고 따라 한다는 말이에요.

*숭어: 몸길이 60cm로 바다와 강에 사는 바닷물고기.　　*망둥이: 몸길이 20cm로 바닷가에 사는 바닷물고기.

망둥이가 뛰면 꼴뚜기도 뛴다

식은 죽도 불어 가며 먹어라

식은 죽을 먹는 것처럼 아무리 쉬운 일이라도 한 번 더 확인한 다음에 하는 것이 안전하다는 뜻이에요.

다이빙 주의

괜찮아, 이 정도 높이쯤이야 식은 죽 먹기지!

풀쩍

야, 조심해! 식은 죽도 불어 가며 먹으랬어.

얕은 물

비슷한 속담

식은 국도 맛보고 먹으랬다

64 *신선놀음에 도낏자루 썩는 줄 모른다

신선들의 놀이를 구경하다 세월이 흐르는 것도 몰랐다는 뜻으로, 아주 재미있는 일에 정신이 팔려서 시간 가는 줄 모르는 경우에 사용해요.

*신선: 현실의 인간 세계를 떠나 자연과 벗하며 산다는 상상의 사람.

온천

어허, 좋다~!

일주일 째 들어앉아 있는 중

이제 그만 나오세요!

물에 퉁퉁 불었다

신선놀음에 도낏자루 썩는 줄 모른다더니….

우리 선생님 맞아?

세월이 가는지 오는지도 모른다

ㅇ
입에 쓴 약이 병에는 좋다
윗물이 맑아야 아랫물이 맑다
아니 땐 굴뚝에 연기 날까
아닌 밤중에 홍두깨
어물전 망신은 꼴뚜기가 시킨다
언 발에 오줌 누기
열 번 찍어 안 넘어가는 나무 없다
오르지 못할 나무는 쳐다보지도 마라
우물 안 개구리
우물을 파도 한 우물을 파라
원수는 외나무다리에서 만난다

ㅈ
지렁이도 밟으면 꿈틀한다
작은 고추가 더 맵다
짚신도 제짝이 있다

ㅊ
참새가 방앗간을 그저 지나랴
천 리 길도 한 걸음부터

ㅋ
콩 심은 데 콩 나고 팥 심은 데 팥 난다

ㅌ
타고난 재주 사람마다 하나씩은 있다

ㅍ
풀은 뿌리째 뽑아라

ㅎ
하나만 알고 둘은 모른다

65 입에 쓴 약이 병에는 좋다

좋은 약이 입에는 쓰지만 몸에는 이로운 것처럼, 잘못을 지적하는 듣기 싫은 *충고가 자기에게는 오히려 도움을 준다는 뜻이에요.

*충고: 남의 잘못을 진심으로 타이름.

66 윗물이 맑아야 아랫물이 맑다

 윗사람이 바르고 *정직해야 아랫사람도 이를 본받아 바르고 정직하게 된다는 말이에요.

*정직: 마음에 거짓이나 꾸밈이 없이 바르고 곧음.

아니 땐 굴뚝에 연기 날까

불을 피우면 당연히 연기가 나는 것처럼, 세상일에는 반드시 *원인이 있기에 *결과가 있기 마련이라는 뜻이에요.

*원인: 어떤 것을 변화시키거나 일어나게 하는 사건.　*결과: 어떤 원인으로 일이 마무리가 됨.

아니 때린 장구 북소리 날까

68. 아닌 밤중에 *홍두깨

모두가 잠든 밤에 홍두깨를 내밀듯, 예상하지 못한 상황에서 엉뚱한 말이나 행동을 하는 것을 뜻해요.

*홍두깨: 뻣뻣한 옷감을 두드려 부드럽게 펴는 나무 방망이.

어두운 밤에 주먹질

69 *어물전 *망신은 꼴뚜기가 시킨다

어리석고 못난 사람일수록 그와 같이 있는 주변 사람들까지도 망신시킨다는 말이에요.

*어물전: 생선, 김, 미역 등 수산물을 파는 가게. *망신: 말이나 행동을 잘못하여 자기의 체면을 상함.

 **과일 망신은 모과가 시킨다**

언 발에 오줌 누기

어떤 일이 터졌을 때 간단하게 둘러맞추어 처리할 수는 있어도 그 *효과가 오래가지 못하고 오히려 더 악화된다는 뜻이지요.

*효과: 어떤 행동을 한 뒤 드러나는 보람이나 좋은 결과.

"당장은 갈증이 사라지겠지만, 곧 더 큰 갈증에 시달리게 된다고!"

"으흐흑, 절망이다!"

벌떡

"에잇, 그렇다면 어쩔 수 없다!"

"무… 무슨 짓을 하려고…?"

"몰래 숨겨 둔 물을 마시는 수밖에!"

꿀꺽 꿀꺽

생수

← 충격으로 실신

비슷한 속담 아랫돌 빼서 윗돌 괴고 윗돌 빼서 아랫돌 괴기

열 번 찍어 안 넘어가는 나무 없다

뜻이 굳은 사람이라도 여러 번 권하면 마음이 변하듯, 아무리 어려워 보이는 일이라도 꾸준히 *노력하면 뜻을 이룰 수 있다는 속담이에요.

*노력: 무엇인가를 이루기 위하여 몸과 마음을 다하여 애를 씀.

열 번 갈아서 안 드는 도끼가 없다

72. 오르지 못할 나무는 쳐다보지도 마라

 자기 능력이나 형편으로 해낼 수 없는 일이라면 처음부터 욕심을 내지 않는 것이 좋다는 뜻이에요.

우물 안 개구리

우물 안에서 사는 개구리처럼 우물 밖 넓은 세상의 형편을 알지 못하고 자기만 잘난 줄 아는 사람을 *비꼬는 말로 사용해요.

*비꼬다: 남의 마음에 거슬릴 정도로 비웃는 태도로 놀리다.

바늘구멍으로 하늘 보기

74. 우물을 파도 한 우물을 파라

 땅을 여기저기 파다 보면 우물을 완성할 수 없듯이, 여러 일을 하는 것보다 한 가지 일을 끝까지 해야 성공한다는 말이에요.

비슷한 속담: 쥐도 한 구멍을 파야 수가 난다

75. 원수는 *외나무다리에서 만난다

마주치고 싶지 않은 사람을 피할 수 없는 곳에서 우연히 만났을 때를 가리키는 말이에요.

*외나무다리: 한 개의 통나무로 놓은 다리.

잘 만났다!

원수는 외나무다리에서 만나는 법!

야, 네가 나 밀었지?

비슷한 속담 외나무다리에서 만날 날이 있다

76 지렁이도 밟으면 꿈틀한다

아무리 약하고 *단점이 많은 사람이라도 너무 심하게 *무시하면 가만히 있지 않는다는 뜻이에요.

*단점: 잘못되고 모자라는 점. *무시: 사람을 깔보거나 업신여김.

비슷한 속담: 굼벵이도 밟으면 꿈틀한다 / 참새가 죽어도 짹 한다

작은 고추가 더 맵다

몸집이 작은 사람이 오히려 일을 야무지게 하거나, 몸집이 큰 사람보다도 더 *재주가 뛰어날 때 쓰는 말이에요.

*재주: 무엇을 잘할 수 있는 타고난 능력.

짚신도 제짝이 있다

*짚으로 만든 신도 오른쪽, 왼쪽으로 만들어져 짝이 있는 것처럼 보잘것없는 사람이라도 어울리는 제짝이 있다는 뜻이에요.

*짚: 벼, 보리, 밀 등의 이삭을 떨어낸 줄기와 잎.

짚신도 제짝이 있다는데….

나는 언제까지 이렇게 노총각으로 살아야 할까…?

후유~.

한숨 쉬지 마, 땅 꺼진다!

땅 주제에 까불지 마라!

선생님, 왜 그러세요?

에잇! 에잇!

팍팍

헌 짚신도 짝이 있다

79 참새가 *방앗간을 그저 지나랴

좋아하는 것을 보고 그냥 지나치지 못한다는 뜻이에요. 자신에게 이익이 될 일에는 꼭 참여하는 욕심 많은 사람에게도 사용해요.

*방앗간: 곡식을 찧거나 빻는 방아를 설치한 곳.

천 리 길도 한 걸음부터

아무리 큰일이라도 작은 일부터 시작된다는 말로, 무슨 일이든 그 일의 시작이 중요하다는 뜻이에요.

시작이 반이다

81 콩 심은 데 콩 나고 팥 심은 데 팥 난다

콩 심은 곳에서 당연히 콩이 자라듯 모든 일은 원인에 따라 거기에 걸맞은 결과가 나타난다는 뜻이에요.

82. 타고난 재주 사람마다 하나씩은 있다

 사람은 누구나 재주 한 가지는 가지고 태어나며, 그 재주를 이용해 먹고살기 마련이라는 뜻이에요.

굼벵이도 구르는 재주가 있다

83 풀은 *뿌리째 뽑아라

나쁜 버릇을 없애려면 아주 근본적인 것부터 뜯어고쳐야 한다는 뜻으로, 무슨 일이든 하려면 철저히 하라는 말이에요.

*뿌리째: 가지, 줄기와 함께 뿌리를 포함한 전부.

하나만 알고 둘은 모른다

사물의 한 부분에 집중하느라 주변을 살피지 못한다는 말이에요.
*융통성이 없어서 폭넓게 생각하지 못할 때 사용하지요.

*융통성: 그때그때의 사정과 형편을 보아 일을 처리하는 재주.

비슷한 속담 감출 줄은 모르고 훔칠 줄만 안다

동물이 나오는 속담

동물의 행동이나 특징에 빗대어 어떤 사람의 성격이나 태도를 표현할 수 있어요. 그래서 속담에는 개, 고양이, 소, 호랑이 등 다양한 동물이 등장한답니다.

85 개밥에 도토리

무엇이든 잘 먹는 개도 도토리는 먹지 않아요. 밥 속에 있어도 남겨지는 도토리처럼, 무리에서 따돌림을 받아 함께 어울리지 못하는 사람을 두고 하는 말이에요.

86 고양이 쥐 생각

고양이는 쥐의 천적이에요. 속으로는 해칠 마음을 품고 있으면서 겉으로는 생각해 주는 척할 때 쓰는 말이에요.

87 구렁이 담 넘어가듯

구렁이가 담을 타고 스멀스멀 넘어가듯, 일을 처리할 때 태도를 분명하게 하지 않고 숨기거나 슬쩍 넘어가려고 하는 경우에 사용해요.

88 까마귀 날자 배 떨어진다

까마귀와 배는 아무 관계가 없어요. 두 가지 일이 우연히 동시에 일어나 어떤 관계가 있는 것처럼 의심을 받는 상황을 두고 하는 말이에요.

89 다람쥐 쳇바퀴 돌듯

앞으로 나아가지 못하고 제자리걸음만 하는 모습을 이르는 말이에요. 하루하루 비슷하게 반복되는 지루한 상태라는 뜻이기도 하지요.

90 닭 잡아먹고 오리 발 내놓기

닭을 잡아먹고는 오리 발을 내밀며 오리를 잡아먹었다고 둘러댄다는 뜻이에요. 옳지 못한 일을 저질러 놓고 들킬 위기에 처하자 꾀를 부려 잘못을 숨기려 한다는 말이지요.

91 뛰어야 벼룩

벼룩은 자기 몸의 백 배를 뛰지만, 너무 작아서 실제로 뛴 높이는 얼마 되지 않아요. 힘을 써도 별 볼 일이 없거나, 도망칠 수 없다는 뜻으로 사용해요.

92 뱁새가 황새를 따라가면 다리가 찢어진다

다리가 짧은 뱁새가 긴 다리로 성큼성큼 걷는 황새를 따라갈 수는 없어요. 이처럼 자기 분수에 맞지 않는 일을 따라 하면 어려움에 빠진다는 뜻이에요.

93 새 발의 피

새의 가느다란 발에서 나온 피라는 뜻으로, 아주 하찮은 일이나 매우 적은 양을 뜻할 때 쓰는 말이에요.

94 얌전한 고양이 부뚜막에 먼저 올라간다

부뚜막은 아궁이 위에 솥을 걸어 두는 곳이에요. 겉으로는 얌전하고 하라는 대로만 할 것 같은 사람이 의외의 일을 저지르거나, 자신에게 필요한 것은 다 챙긴다는 뜻이에요.

95 원숭이도 나무에서 떨어진다

원숭이는 나무 타기를 잘해요. 그런 원숭이도 가끔은 나무에서 떨어지지요.
무언가를 능숙하게 잘하는 사람도 가끔은 실수를 한다는 뜻이에요.

96 자라 보고 놀란 가슴 솥뚜껑 보고 놀란다

자라는 등이 솥뚜껑처럼 생겼어요. 무언가에 몹시 놀란 사람은
비슷한 것만 봐도 겁을 낸다는 말이에요.

97 토끼 둘을 잡으려다가 하나도 못 잡는다

토끼 두 마리를 잡으려고 이리저리 쫓다가는 한 마리도 잡지 못해요.
욕심을 부려 여러 일을 벌이면 한 가지도 제대로 못한다는 뜻이에요.

98 하룻강아지 범 무서운 줄 모른다

하룻강아지는 갓 태어난 강아지를 말해요. 범은 호랑이를
한자로 표현한 것이지요. 경험이 적고 서투른 사람이
겁도 없이 함부로 덤빌 때 사용하는 속담이에요.

99 호랑이도 제 말 하면 온다

남의 얘기를 하는데 그 사람이 갑작스레 나타날 때 쓰는 말이에요.
자리에 없는 사람에 대해 함부로 이야기해서는 안 된다는 뜻이기도 해요.

100 호랑이에게 물려 가도 정신만 차리면 산다

위기에 처하거나 힘든 상황에 놓였을 때,
우왕좌왕하지 말고 정신을 똑바로 차리면
위기를 벗어날 수 있다는 말이에요.

주제별 찾아보기

말과 행동에 관한 속담

가는 말이 고와야 오는 말이 곱다 - 10
가랑비에 옷 젖는 줄 모른다 - 12
구렁이 담 넘어가듯 - 172
금강산도 식후경 - 29
낮말은 새가 듣고 밤말은 쥐가 듣는다 - 42
다람쥐 쳇바퀴 돌듯 - 173
도둑이 제 발 저리다 - 62
말 한마디에 천 냥 빚도 갚는다 - 78
말이 씨가 된다 - 82
목마른 놈이 우물 판다 - 84
발 없는 말이 천 리 간다 - 108
방귀 자라 똥 된다 - 102
비를 드니까 마당을 쓸라 한다 - 92
세 살 버릇 여든까지 간다 - 118
아니 땐 굴뚝에 연기 날까 - 138
입에 쓴 약이 병에는 좋다 - 134
호랑이도 제 말 하면 온다 - 174

바른 인성에 관한 속담

간에 붙었다 쓸개에 붙었다 한다 - 18
개구리 올챙이 적 생각 못 한다 - 22
고양이 쥐 생각 - 172
남의 눈에 눈물 내면 제 눈에는 피눈물 난다 - 44
남의 염병이 내 고뿔만 못하다 - 38
달면 삼키고 쓰면 뱉는다 - 54
닭 잡아먹고 오리 발 내놓기 - 173

똥 묻은 개가 겨 묻은 개 나무란다 - 56
똥이 무서워서 피하나 더러워서 피하지 - 50
미꾸라지 한 마리가 온 웅덩이를 흐려 놓는다 - 88
믿는 도끼에 발등 찍힌다 - 89
벼 이삭은 익을수록 고개를 숙인다 - 111
벼룩도 낯짝이 있다 - 96
벼룩의 간을 내먹는다 - 94
병 주고 약 준다 - 98
얌전한 고양이 부뚜막에 먼저 올라간다 - 173
어물전 망신은 꼴뚜기가 시킨다 - 142
지렁이도 밟으면 꿈틀한다 - 154
참새가 방앗간을 그저 지나랴 - 160

사람과의 관계에 관한 속담

가재는 게 편-14
가지 많은 나무에 바람 잘 날 없다-16
개밥에 도토리-172
구관이 명관이다-32
물은 건너 보아야 알고 사람은 지내보아야 안다-72
미운 아이 떡 하나 더 준다-70
바늘 가는 데 실 간다-100
소 닭 보듯-114
윗물이 맑아야 아랫물이 맑다-136

예상하지 못한 상황에 쓰는 속담

개똥도 약에 쓰려면 없다-24
고래 싸움에 새우 등 터진다-30
까마귀 날자 배 떨어진다-172
꿩 대신 닭-36
내 코가 석 자-46
다 된 죽에 코 빠뜨린다-52
닭 쫓던 개 지붕 쳐다보듯-60
마른하늘에 날벼락-80
아닌 밤중에 홍두깨-140
원수는 외나무다리에서 만난다-153
자라 보고 놀란 가슴 솥뚜껑 보고 놀란다-174

돈과 욕심에 관한 속담

같은 값이면 다홍치마-20
꿩 먹고 알 먹기-34
되로 주고 말로 받는다-66
못 먹는 감 찔러나 본다-86
바늘 도둑이 소도둑 된다-106
배보다 배꼽이 더 크다-104
뱁새가 황새를 따라가면 다리가 찢어진다-173
사공이 많으면 배가 산으로 간다-116
새 발의 피-173
오르지 못할 나무는 쳐다보지도 마라-148
토끼 둘을 잡으려다가 하나도 못 잡는다-174

지혜와 어리석음에 관한 속담

낫 놓고 기역 자도 모른다-40
돌다리도 두들겨 보고 건너라-64
등잔 밑이 어둡다-69
뛰는 놈 위에 나는 놈 있다-68
뛰어야 벼룩-173
모르면 약이요 아는 게 병-76
마구 뚫은 창-74
백지장도 맞들면 낫다-110
소 잃고 외양간 고친다-120
쇠귀에 경 읽기-122
수박 겉 핥기-126

숭어가 뛰니까 망둥이도 뛴다-128
신선놀음에 도낏자루 썩는 줄 모른다-131
언 발에 오줌 누기-144
우물 안 개구리-150
우물을 파도 한 우물을 파라-152
천 리 길도 한 걸음부터-162
하나만 알고 둘은 모른다-170
하룻강아지 범 무서운 줄 모른다-174
호랑이에게 물려 가도 정신만 차리면 산다-174

희망과 용기를 주는 속담

공든 탑이 무너지랴-28
굼벵이도 구르는 재주가 있다-26
달도 차면 기운다-58
서당 개 삼 년이면 풍월을 읊는다-112
쇠뿔도 단김에 빼라-124
식은 죽도 불어 가며 먹어라-130
열 번 찍어 안 넘어가는 나무 없다-146

원숭이도 나무에서 떨어진다-174
작은 고추가 더 맵다-156
짚신도 제짝이 있다-158
콩 심은 데 콩 나고 팥 심은 데 팥 난다-164
타고난 재주 사람마다 하나씩은 있다-166
풀은 뿌리째 뽑아라-168